"En las fotografías de Muller
vas a encontrarte a España, vas a mirarla
enteramente y de una vez, vas a llenarte
de su imagen, reuniendo en tus pupilas
lo que hicieron, con esfuerzo y tesón,
los hombres y los años: su regionalidad,
tan diversa y tan viva, sus pueblos
que se juntan como un rebaño amedrentado;
el esqueleto de sus montes y el verdor
de sus valles; su hermosura tan antigua
y tan nueva; sus tejados lagrimeantes;
sus playas, sus distancias, sus caminos."

LUIS ROSALES

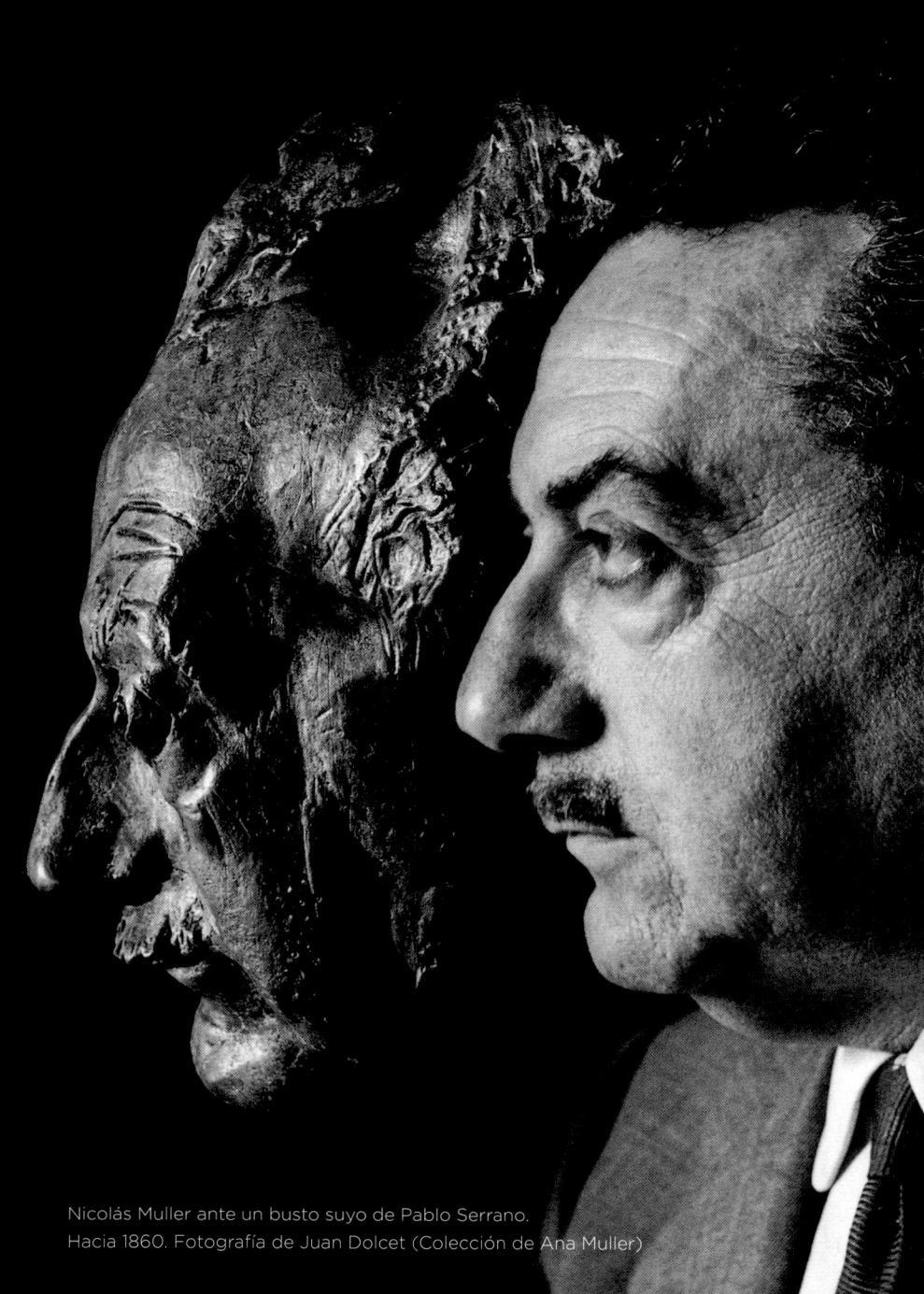

Nicolás Muller ante un busto suyo de Pablo Serrano.
Hacia 1860. Fotografía de Juan Dolcet (Colección de Ana Muller)

Maestros de la fotografía
en la Academia de Bellas Artes de San Fernando

NICOLÁS
MULLER

Real Academia de
Bellas Artes de San Fernando

Madrid, 2025

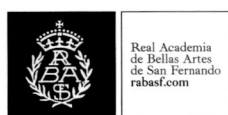

Real Academia
de Bellas Artes
de San Fernando
rabasf.com

EDICIONES
DEL AZAR

Muller: talento y compromiso

Publio López Mondéjar

Académico de San Fernando. Sección Artes de la Imagen

El presente volumen dedicado a Nicolás Muller (Hungría, 1923-Asturias, 2000) es ya el séptimo de la Colección de Maestros de la Fotografía de la Academia de San Fernando. Él fue, junto a Catalá-Roca, el único capaz de despojar de su herrumbre a la marchita fotografía española de aquel tiempo amedrentado. Miembro del grupo de fotógrafos húngaros de la diáspora, tuvo que abandonar Hungría en 1938, para establecerse en París. La ocupación alemana le condenó a un nuevo y precario exilio en Portugal, de donde fue expulsado en 1940 por la dictadura de Salazar. Su largo peregrinaje le condujo a Tánger. En 1948 se estableció en Madrid.

Su estudio se convirtió pronto en punto de cita de una ilustre nómina de intelectuales, que capitaneaban Azorín, Baroja, Ortega y Gasset y Dionisio Ridruejo. Salvando las distancias del tiempo, la tertulia recordaba a los concilios celebrados, un siglo antes, en el estudio parisino del primer Nadar. Como el gran retratista francés, Muller fue edificando un admirable parnaso integrado por los retratos de los artistas e intelectuales más célebres de aquellos días agraviados por el miedo y las cartillas de racionamiento, que encontró Ridruejo a su llegada a Madrid.

Desde 1965 hasta el día de su jubilación, en 1980, Muller desplegó una intensa actividad, que le llevó a registrar un documento luminoso de las gentes, los pueblos y las costumbres de España, un país que tanto le recordaba al suyo. Con el final del comunismo en Hungría, comenzó a ser estimado también en su país, tras su primera exposición antológica, inaugurada en 1993 en su ciudad natal por el presidente Arpad Gönez. Era el primero de los numerosos reconocimientos internacionales a este grandísimo profesional, sabio y melancólico, húngaro de nacimiento, español de adopción, judío laico y ciudadano del mundo.

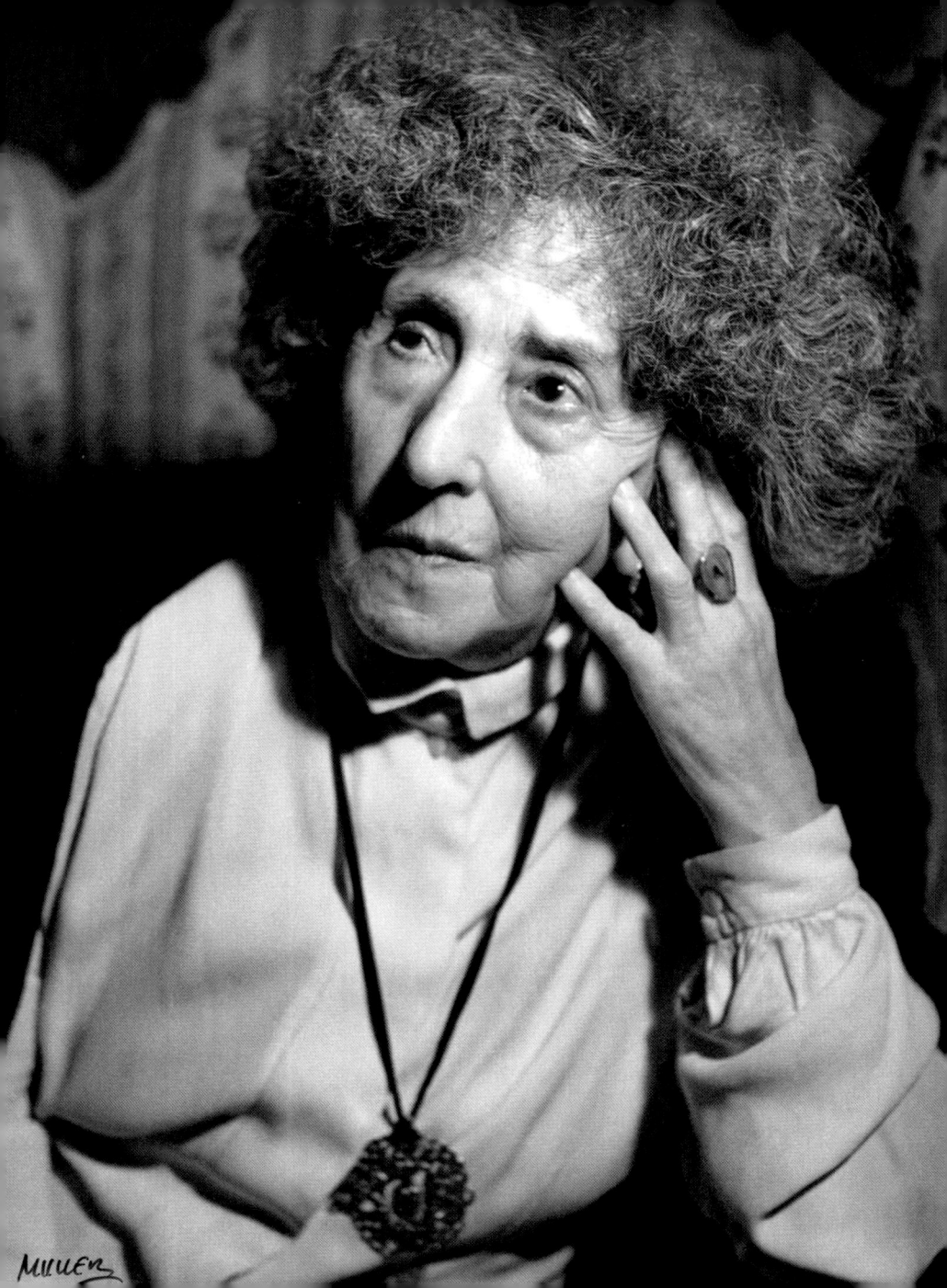

MANUEL VICENT

Escritor

Nicolás Muller: la belleza es una patria común

Leí su nombre por primera vez debajo de un retrato de Azorín. Después vi que también firmaba la imagen de Baroja paseando por el Retiro. Y su estampilla estaba igualmente al pie de la foto oficial de Ortega y Gasset que exhibía una testa romana en claroscuro. Cuando le conocí, Muller ya había retratado a todas las figuras literarias vivas que yo admiraba. No tardé mucho en ser su amigo. Ya sus idas y venidas al café Gijón se cruzaban en mi camino de tarde y un día me encontré frente a aquel ser bueno y melancólico con el que compartí, desde entonces, muchas horas de charla en su estudio tomando algún aguardiente de endrinas que le mandaban de Hungría.

Él me hablaba siempre de Dionisio Ridruejo, de Laín Entralgo, de Luis Rosales, de Rodrigo Uría, de Juana Mordó, de Zabaleta y de otros nombres por el estilo que formaban la barra de su tertulia, pero su cámara había captado también a los personajes no tan oficiales, aunque más insignes, que arrastraban un secreto exilio interior. Nicolás Muller fue un testigo iconográfico de toda la cultura que quedó en España después de la guerra, y también de los primeros conatos de modernidad que se establecieron alrededor de Eugenio d'Ors y su Academia Breve de Pintura instaurada en el sótano de la mueblería Biosca.

Concha Espina, 1850

Gelatino-bromuro de plata, copia de época, 293 × 232 mm. Museo de la Real Academia de Bellas Artes de San Fernando Donación de Ana Muller F/18

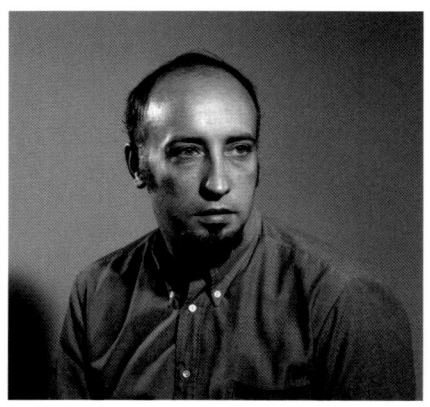 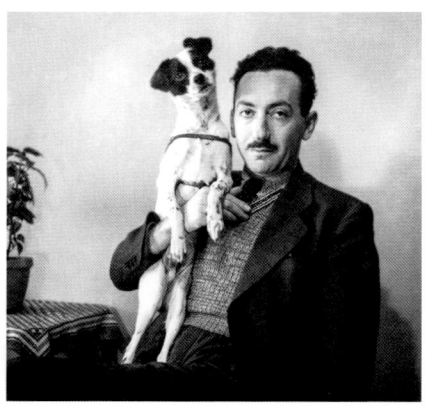

Manuel Vicent retratado por Muller en 1970
(Archivo Comunidad de Madrid)

Muller con su perro Samu. Autorretrato.
Tanger, hacia 1942 (Colección de Ana Muller)

Me gustaba mucho oírle llorar. El pesimismo de Muller era ya entonces una obra de arte y ni los violines de Bela Bartok podían mejorar su sentimiento ante el azar de la existencia. Encontrar en la vida una persona que fuera más pesimista que yo fue una sorpresa muy agradable y traté de no desaprovechar semejante adquisición: tenía ante mí a un artista que se agarraba a los límites de la belleza para sobrevivir, a un ser muy dotado para la amistad de la cual sólo exigía que compartiera con él los matices que adopta la melancolía.

Nicolás Muller tenía también todos los rostros de España en su imaginación; todos los paisajes, monumentos, ciudades, ríos, playas, oficios, alimentos de nuestro país habían sido interpretados con un sosegado realismo por su cámara fotográfica. Sin ninguna afectación, había tomado nota de las fiestas y costumbres de este pueblo tan semejante al suyo en el sustrato patético y sus trabajos se traducían en libros de imágenes, pero yo lo veía cada tarde en su estudio de la calle Serrano sentado junto a sus focos apagados esperando que llegara algún cliente a hacerse algunas fotos de carnet.

Mientras este hipotético encargo se cumplía hablábamos de Hungría, de los tiempos de su juventud, del conocimiento del alma humana que el dolor de la historia le había desarrollado sobremanera. Cualquiera que vea hoy a este artista en su retiro verde de Andrín, en Asturias, aún sorprenderá llenos de humanidad sus ojos mojados y melancólicos. Nicolás Muller es un caso ejemplar del resistente que sobrevive gracias a la belleza usada como un refugio o una patria común allí donde la dureza del exilio le ha llevado. Siendo un joven abogado, en 1938 tuvo que huir de Hungría perseguido por los nazis; instalado en París, levantó otra vez el vuelo cuando los alemanes invadieron Francia. En 1939 se estableció en Tánger y de allí pasó a España invitado por la Revista de Occidente para celebrar una exposición antológica de su obra.

Durante todas sus huidas no había hecho sino sacar documentos gráficos de su propio camino, y donde quiera que se encontraba le sostenía el amor a Mozart, la fuerza de la luz, el calor de algún amigo, la meditación de los paisajes, el propio pesimismo cuyo eje de diamante nadie ha sido capaz de partir. En España encontró un páramo estético, y su cámara fotográfica fue el ojo realista que comenzó a mirar las cosas de forma distinta, los rostros de los intelectuales, las grietas de los viejos campesinos, los capiteles de las catedrales, las pasiones contenidas del alma de un pueblo. Después de conocer a Nicolás Muller he comprendido que la amistad y la melancolía también pueden ser una creación

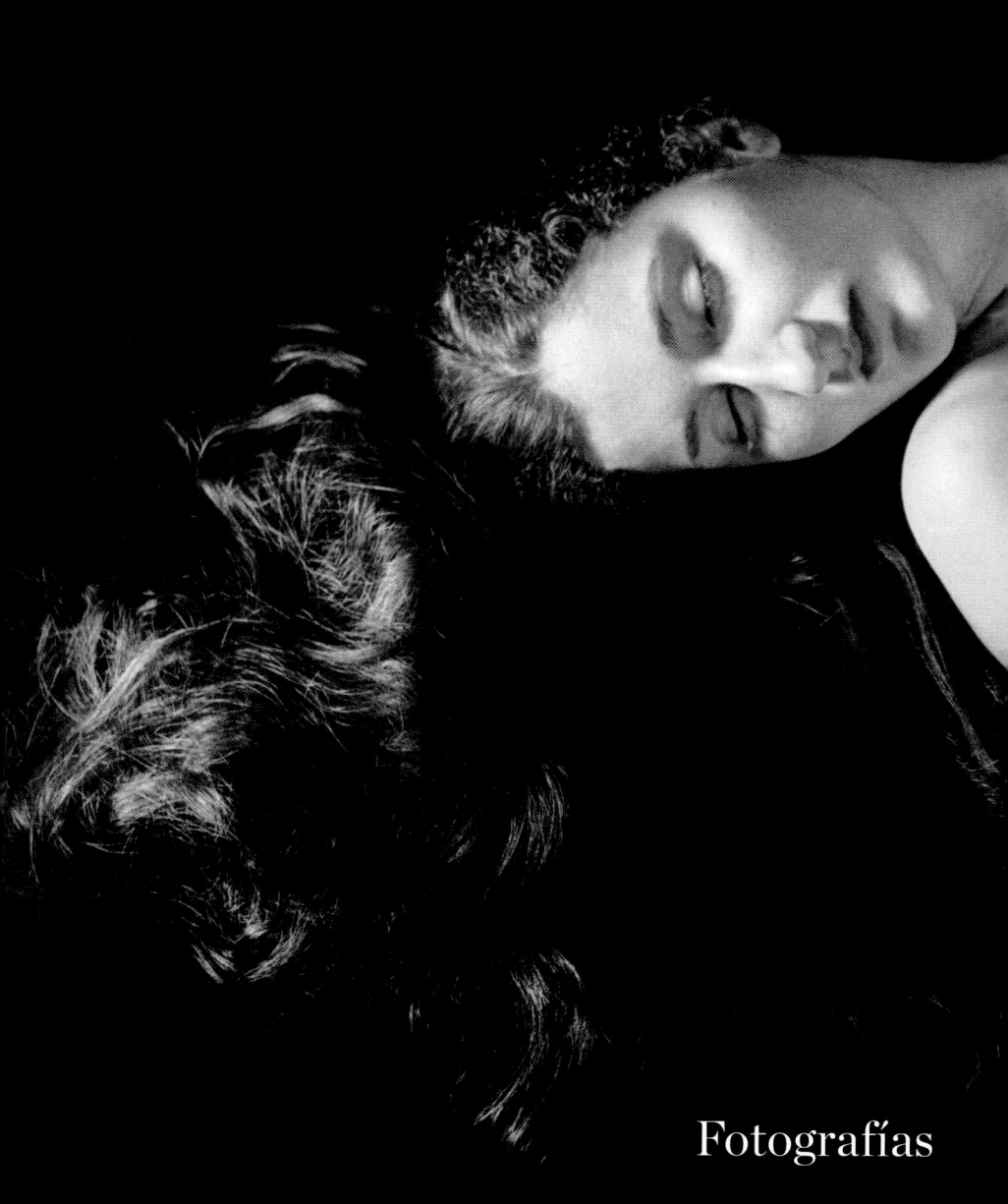

Fotografías

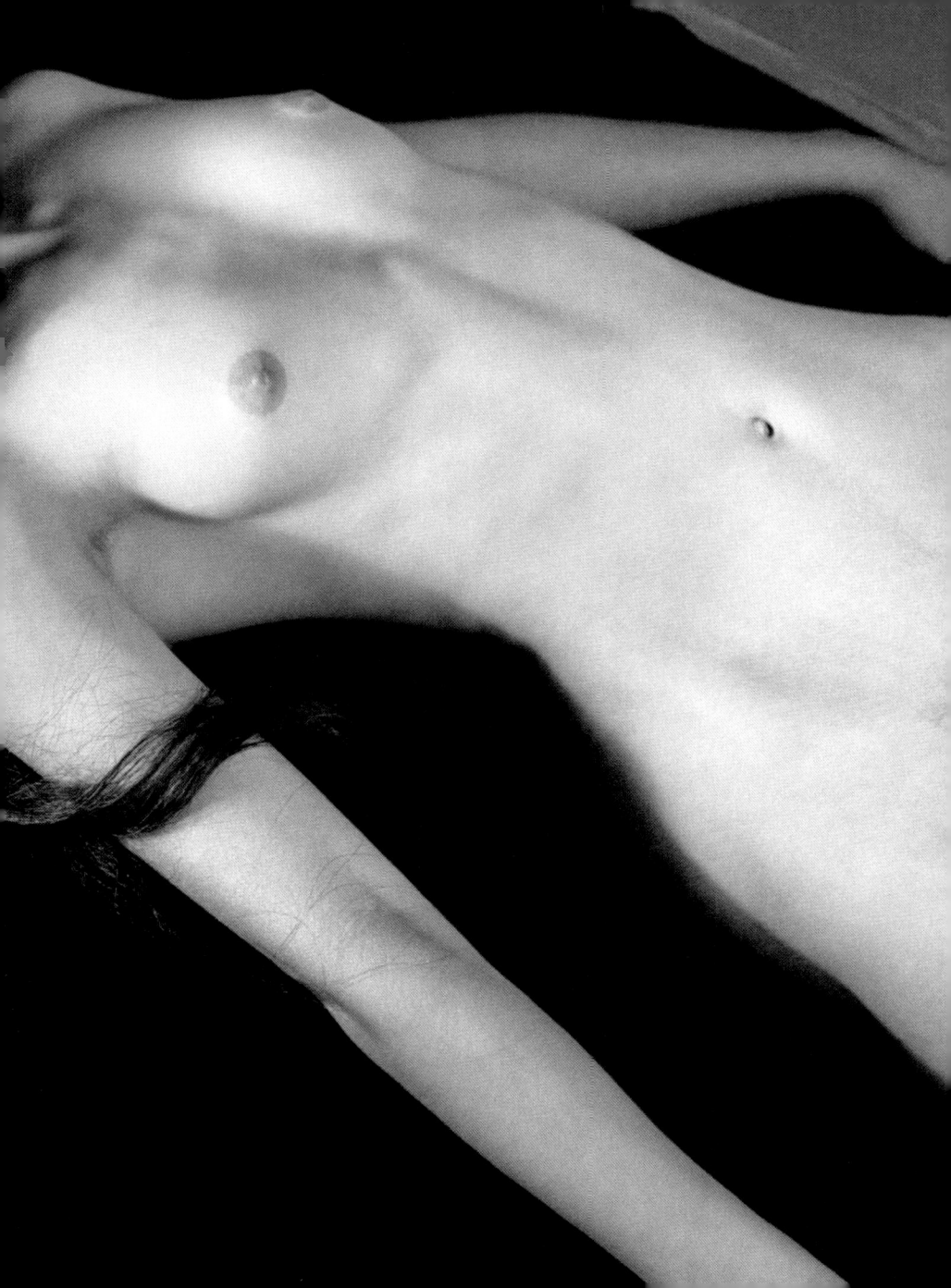

Fiesta del Mulud II, 1942

Impresión con tintas pigmentadas, 783 × 610 mm.
Museo de la Real Academia de Bellas Artes de San Fernando
F/10

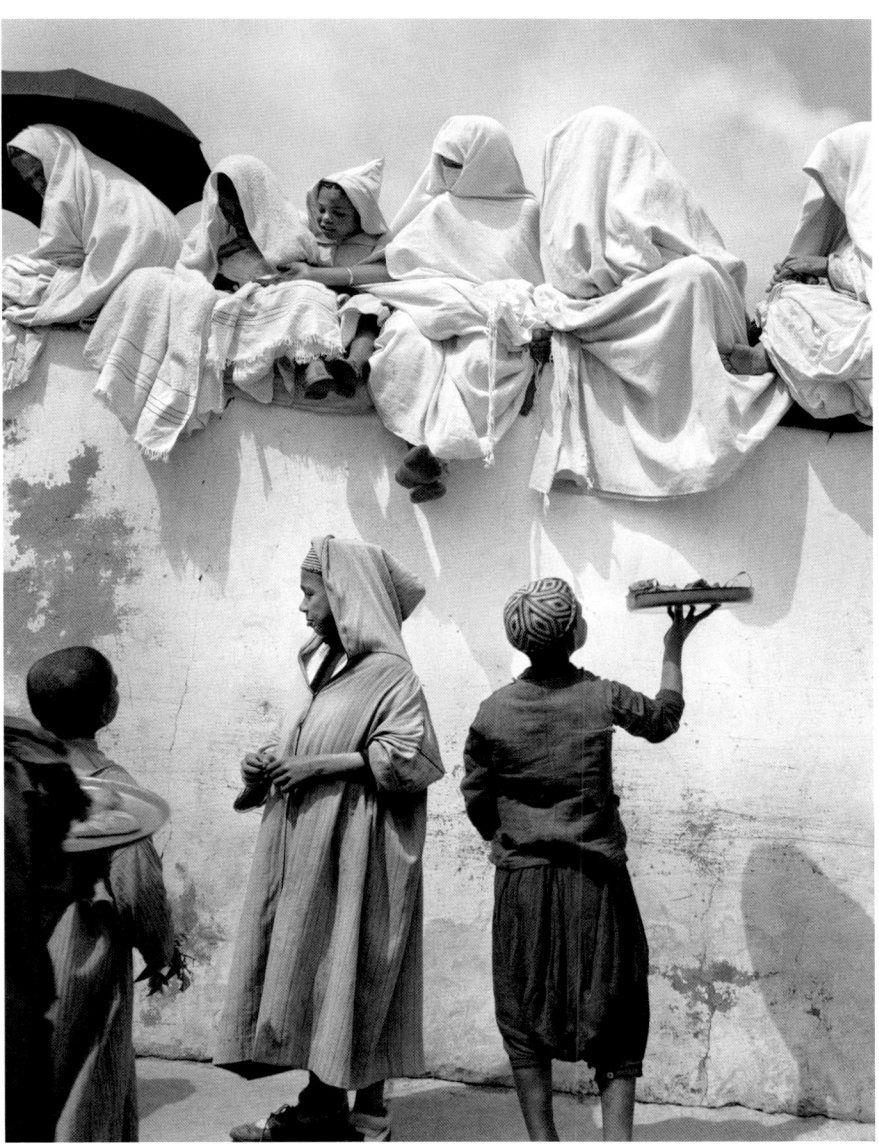

Bailarina tajara. Larache, Marruecos, 1942

Impresión con pigmentos de tinta, 623 × 610 mm.
Museo de la Real Academia de Bellas Artes de San Fernando
F/13

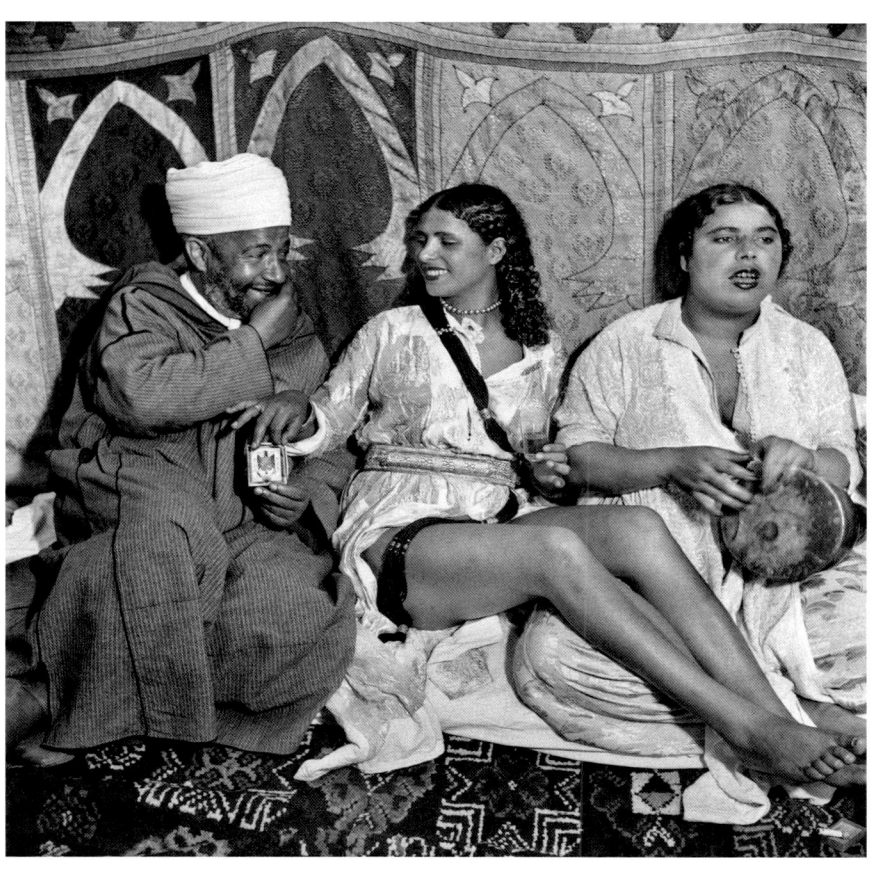

Desnudo. Tánger, Marruecos, 1940

Impresión con tintas pigmentadas, 724 × 610 mm.
Museo de la Real Academia de Bellas Artes de San Fernando
F/9

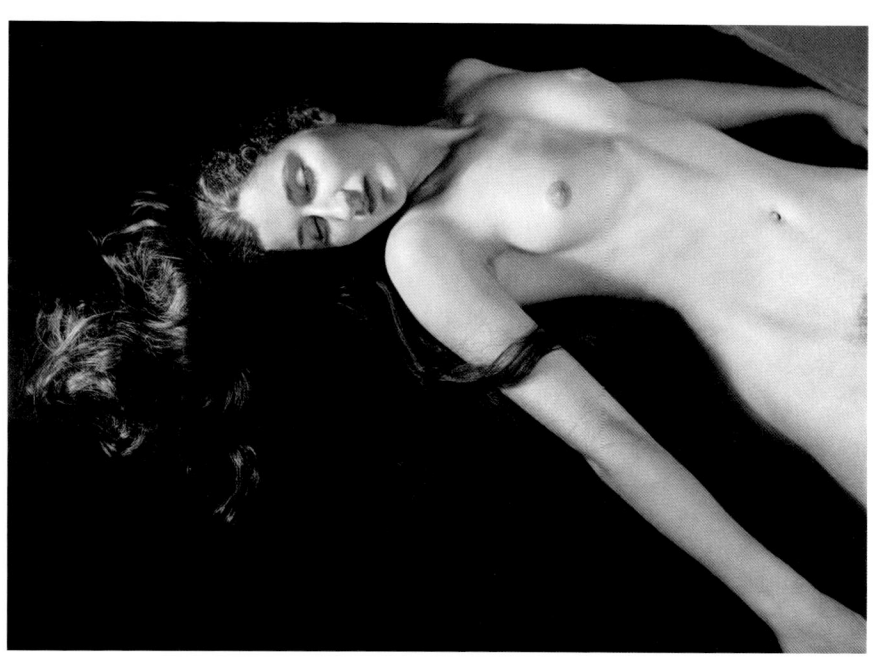

Desnudo con perro. Tánger, Marruecos, 1940

Impresión con pigmentos de tinta, 565 × 550 mm.
Museo de la Real Academia de Bellas Artes de San Fernando
F/16

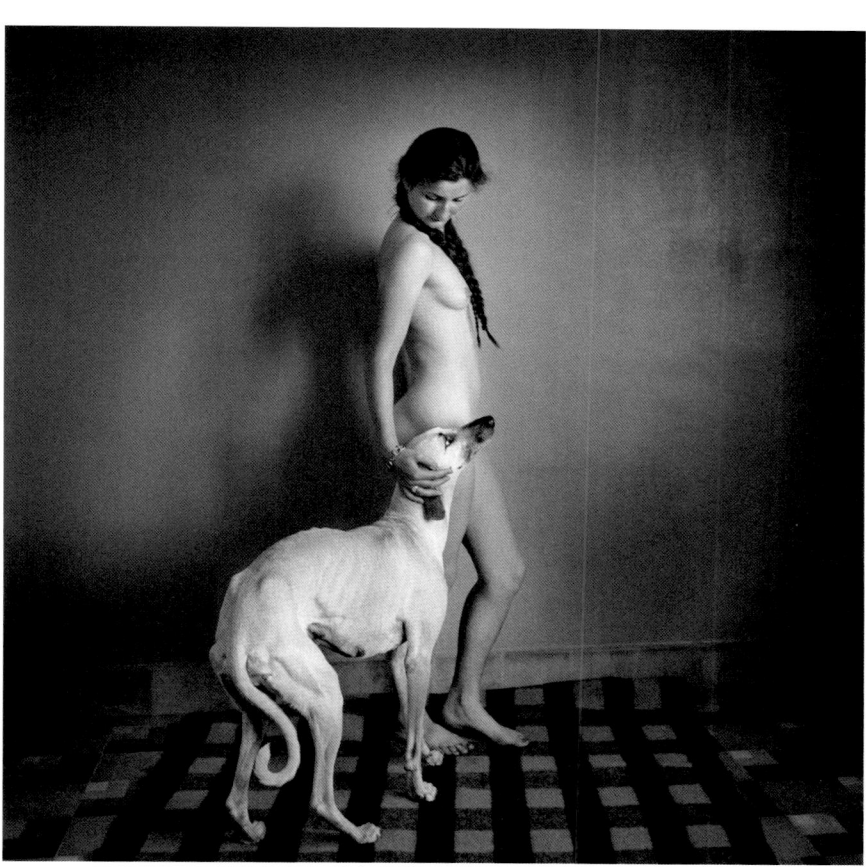

Pintando el barco. Las Palmas de Gran Canaria, 1964

Impresión con pigmentos de tinta, 548 × 550 mm.
Museo de la Real Academia de Bellas Artes de San Fernando
F/12

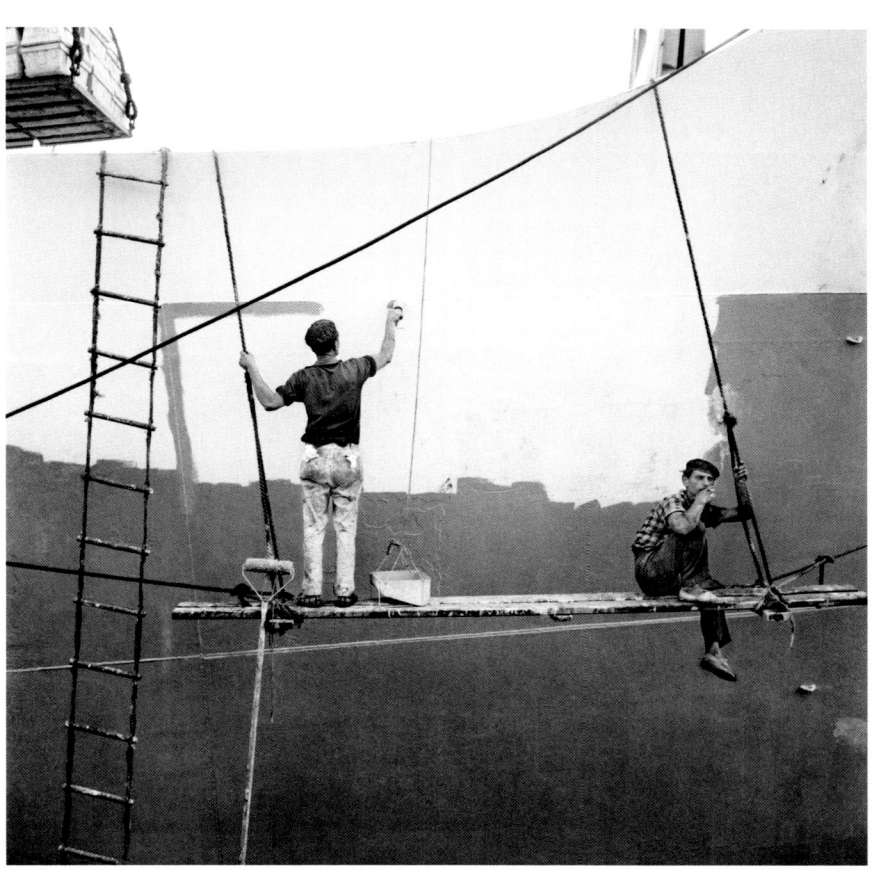

Cudillero, Asturias, 1965

Impresión con pigmentos de tinta, 548 × 550 mm.
Museo de la Real Academia de Bellas Artes de San Fernando
F/14

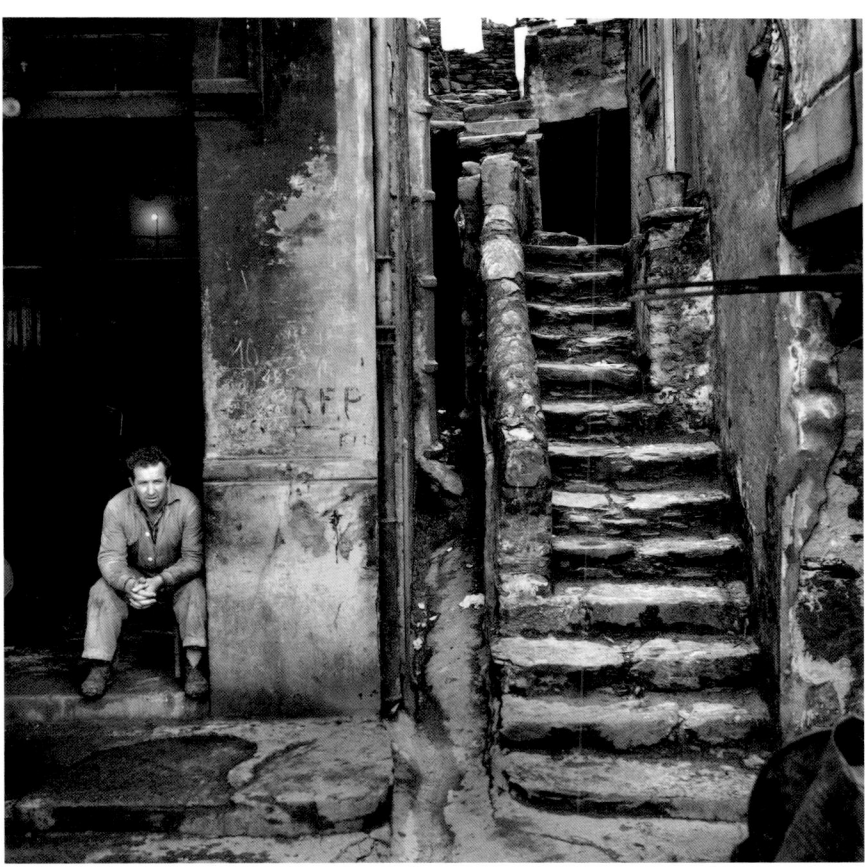

Monjitas en Lanzarote, 1964

Impresión con pigmentos de tinta, 665 × 500 mm.
Museo de la Real Academia de Bellas Artes de San Fernando
F/15

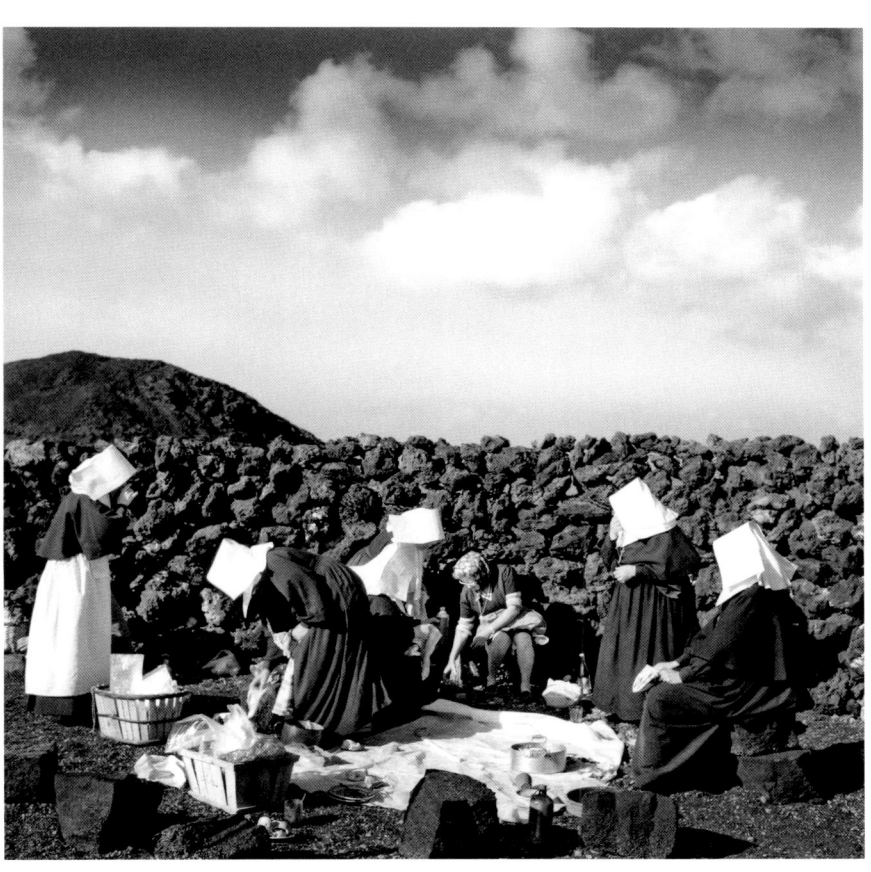

País Vasco, España, 1966

Impresión con pigmentos de tinta, 548 × 550 mm.
Museo de la Real Academia de Bellas Artes de San Fernando
F/11

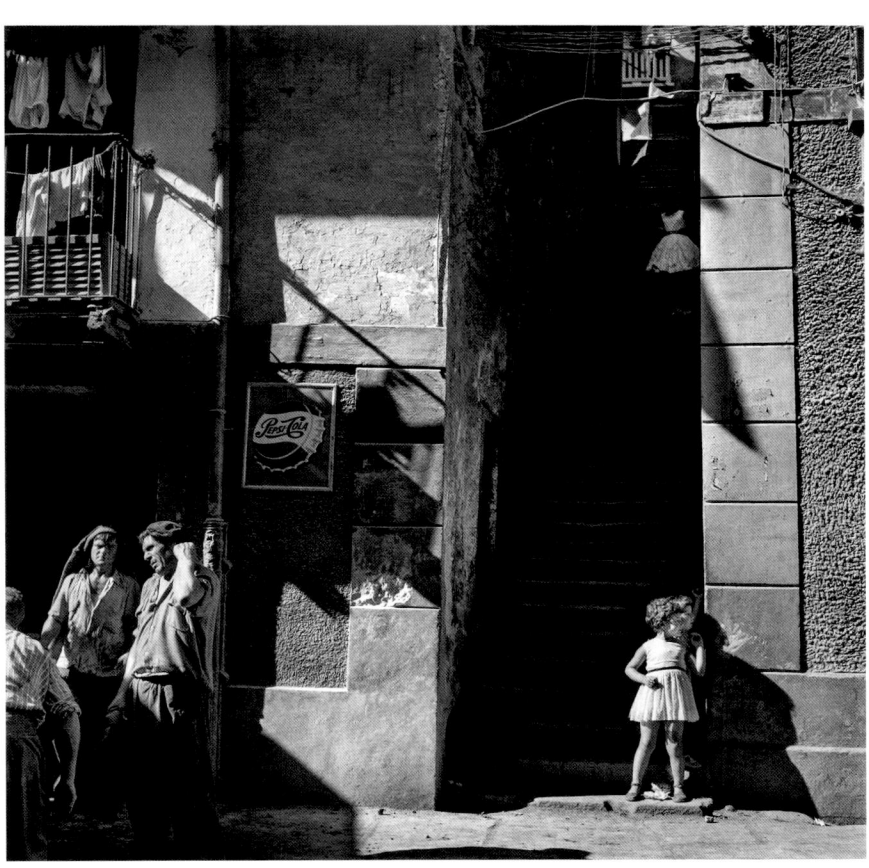

Pablo Serrano, 1965

Gelatino-bromuro de plata, 232 × 296 mm.
Museo de la Real Academia de Bellas Artes de San Fernando
F/20

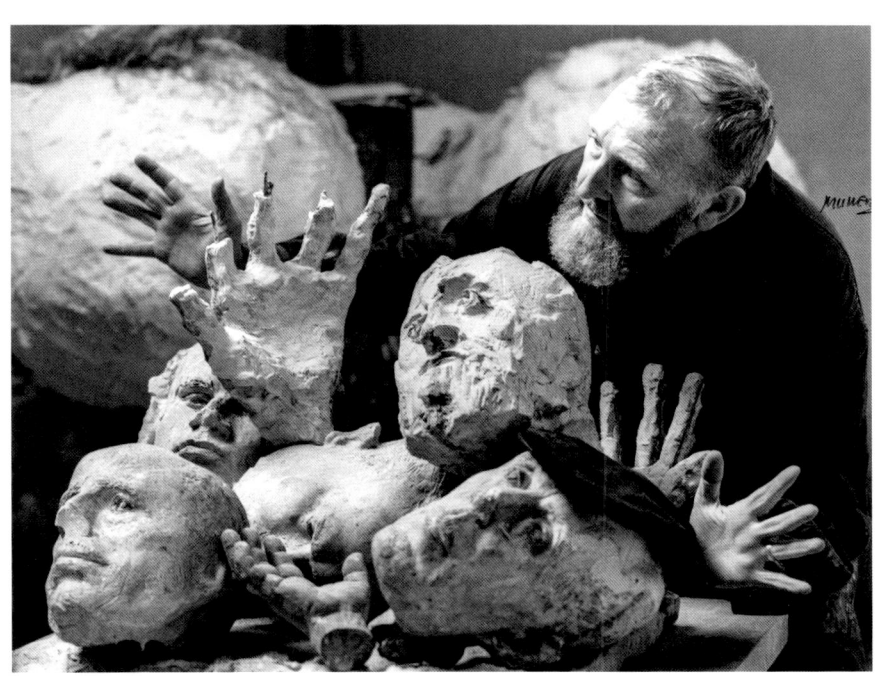

Pío Baroja paseando por el Retiro, Madrid, 1950

Impresión con pigmentos de tinta, 550 × 550 mm
Museo de la Real Academia de Bellas Artes de San Fernando
F/17

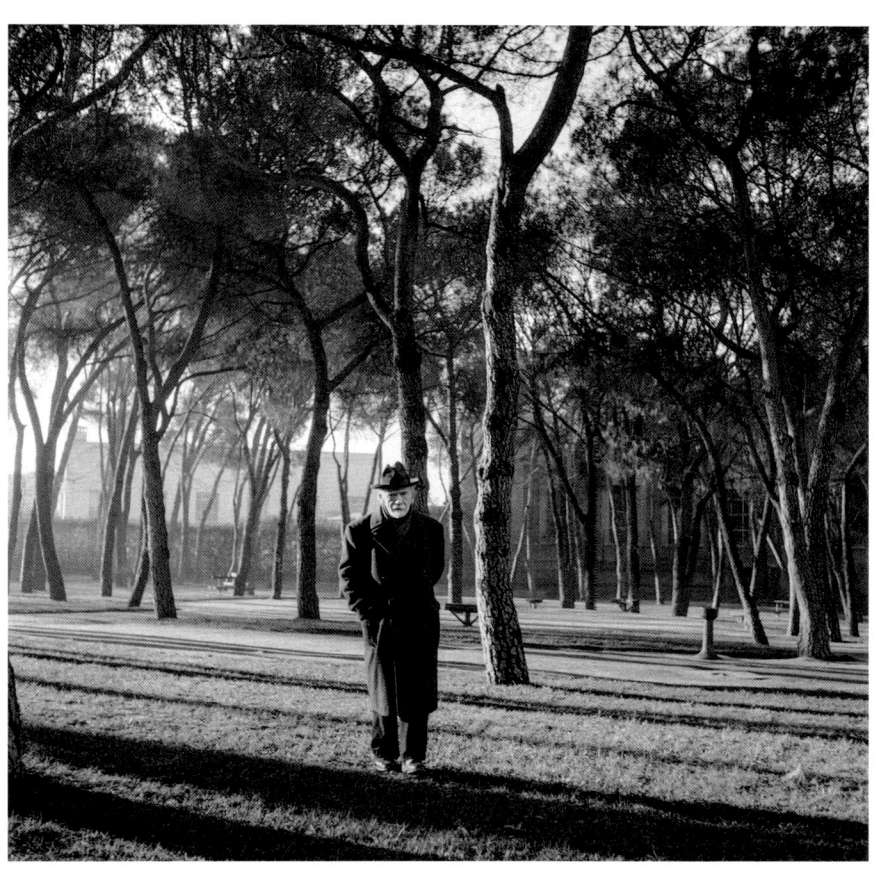

Ramón Menéndez Pidal, 1960

Copia de época donada en 2024 por Ana Muller,
gelatino-bromuro de plata, 232 × 296 mm
Museo de la Real Academia de Bellas Artes de San Fernando
F/20

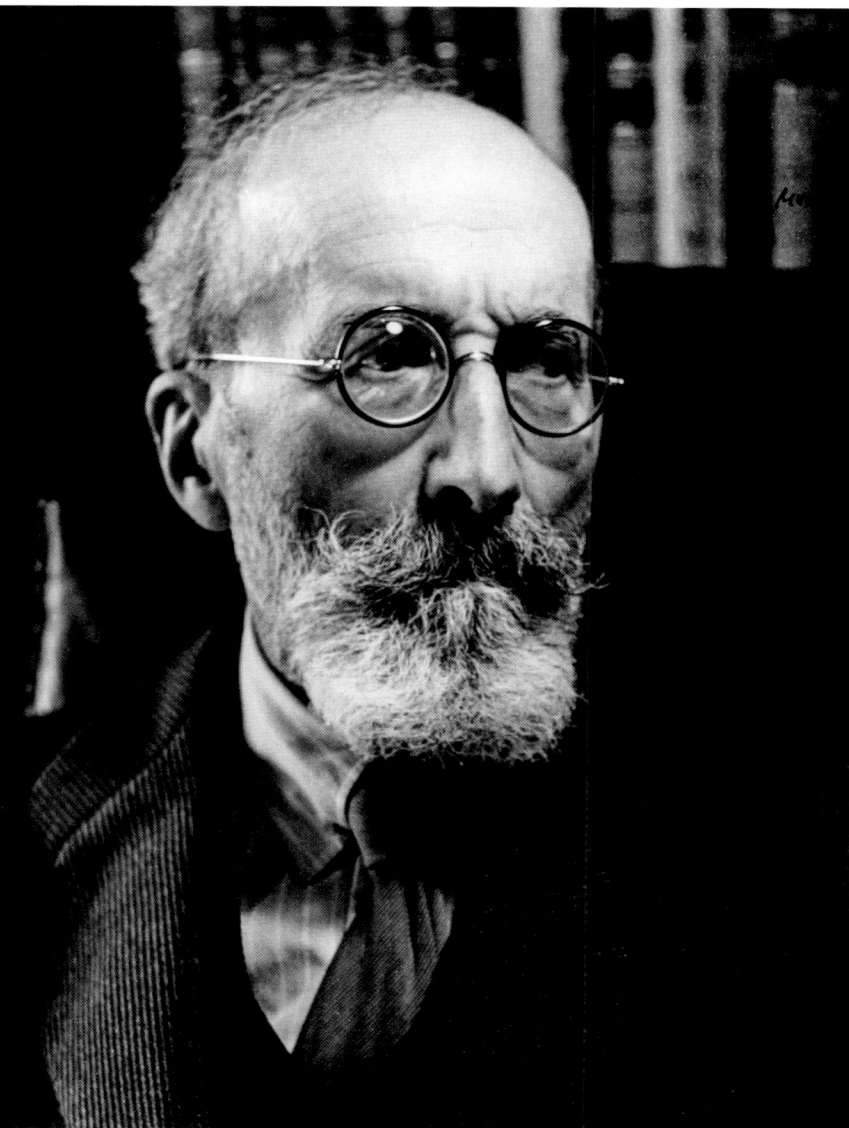

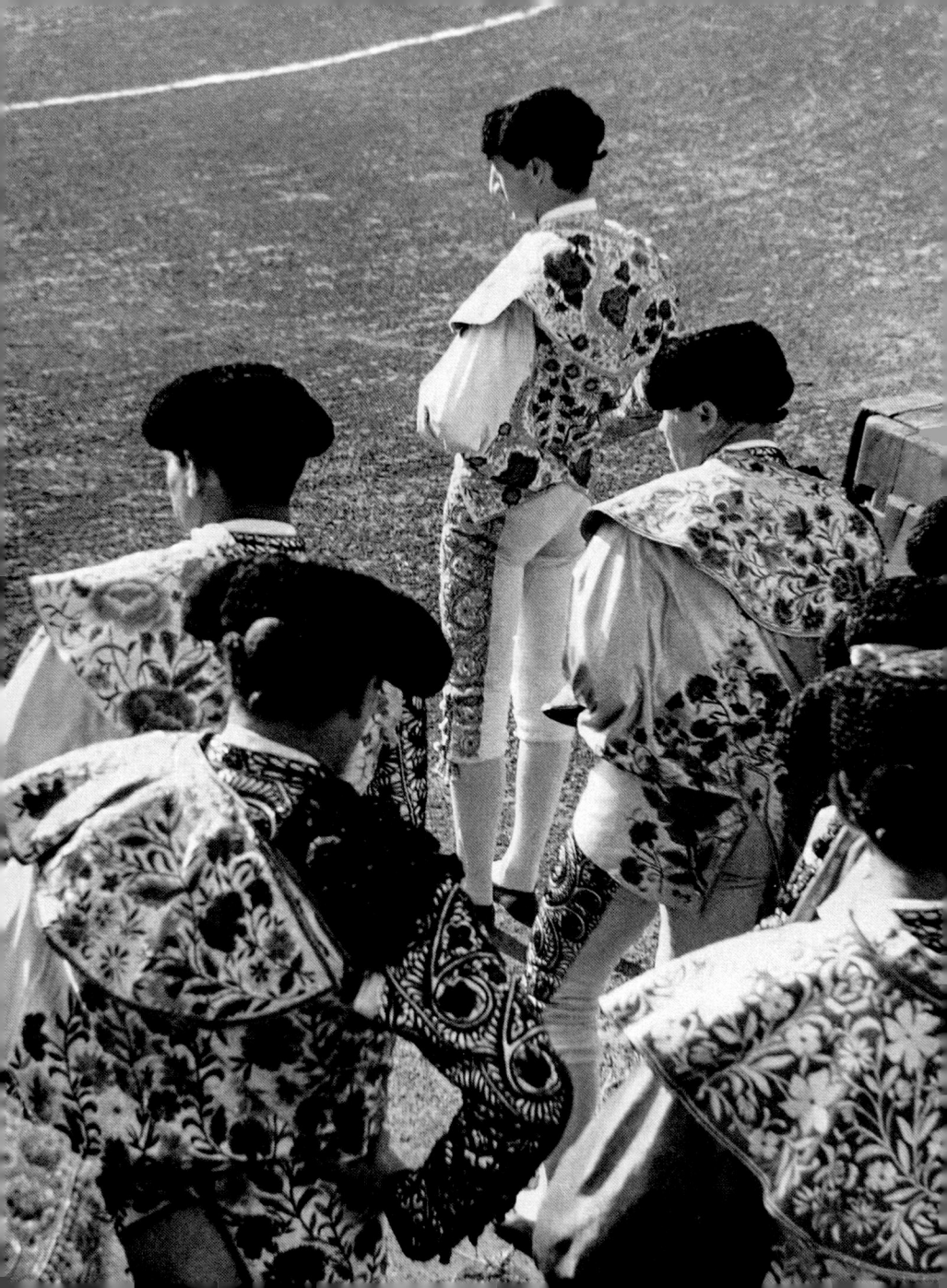

PILAR RUBIO REMIRO

Escritora

Las mil vidas de Nicolás Muller

Nicolás Muller fue un personaje de mil vidas. Empezó a serlo desde sus tiempos estudiantiles, en la Miefhoe, el club universitario judío, junto al poeta Miklós Radnó, el etnólogo Gyula Ortutai, el grabador Jorge Buday y el director de teatro FerencHont. En aquellas veladas se escuchaba música de Bela Bartók y ZoltanKodaly, se discutían temas de psicología entre los seguidores de Alfred Adler, o se hablaba de expresionismo y de la figura omnipresente de Gustav Klimt: "Toda mi formación, mis ideas, la línea de mis pensamientos, se fraguó allí"

La fotografía atravesó su destino un día, que no era un día cualquiera, en el Bar Mitzvah, el frontispicio de la edad adulta, con el que llegaba la fiesta y los regalos. De aquel Bar Mitzvab, de la dura experiencia de sus años de universidad, donde existía numerus clausus para los estudiantes judíos, de los trágicos acontecimientos que se sucedieron a partir de 1933 en que Hitler fue nombrado canciller, le quedó un sentimiento de arraigo hacia su pueblo y su cultura, un sentimiento que su confesado agnosticismo religioso no consiguió mermar nunca.

Tuvo suerte en poder huir a tiempo. Necesitaba creer en ese proverbio húngaro que dice que los árboles nunca crecen hasta el cielo, que nada podría sobrepasar las barreras de la razón, pero se equivocó. Primero atravesó Italia, después vivió en París y entró en contacto con otros

Manuel Rodríguez "Manolete" iniciando el paseíllo en la plaza de toros de Santander. 26 de agosto de 1947, tres días antes de su cogida mortal en la plaza de Linares. (Fondo Muller. Archivo de la Comunidad de Madrid)

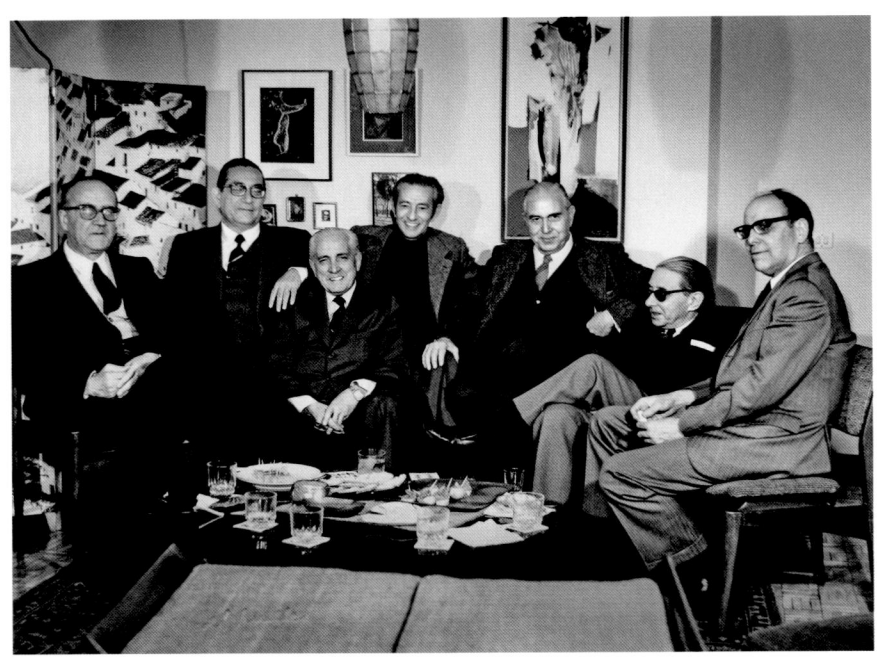

Tertulia de intelectuales en el estudio de Muller, 1960

De izquierda a derecha: Luis Felipe Vivanco, Luis Rosales, Rodrigo Uría, Dionisio Ridruejo, Pedro Laín Entralgo, Gonzalo Torrente Ballester y Antonio Tovar. (Archivo Comunidad de Madrid)

artistas y fotógrafos, entre ellos los pintores Árpad Szenes y su mujer, la portuguesa Vieira da Silva, Robert Capa, Brassäi. "Pero la guerra se oía llegar... y llegó". Se dirigió a Portugal en un tren lleno de refugiados atravesando el norte de una España sumida en las ruinas y la desolación.

Su penúltimo destino fue Tánger y sus fotografías de esos años son testimonio del efecto embriagador que ejerció la luz, el cosmopolitismo y la sensualidad de un mundo que se había convertido en el hogar de muchos refugiados: "Todo un mundo de humanidad variopinta que, por caminos muy diversos, aterrizaron en ese Tánger amable y hospitalario. Era muy fácil encontrarse enseguida como en casa".

El azar le condujo a España y pronto en su salón comenzó a escucharse "la voz de Ortega, y al presumido de D´Ors; la mala uva de Benavente o la charla entrañable de Baroja". Eran las primeras tertulias de la Revista de Occidente, pero había más: en el café Gijón despachaba con Pancho Cossío, Benjamín Palencia, Antonio Quirós y luego con los invitados de Juana Mordó, Dionisio Ridruejo, Laín Entralgo, Rodrigo Uría, Luis Felipe Vivanco. Luis Rosales, Rafael Zabaleta. Muller pasaba de una tertulia a otra, incluida la de poesía, que sentaba a Gerardo Diego, Eusebio García Luengo, Ignacio Aldecoa, Gabriel Celaya y Garcíasol. Muchos de esos retratos visitaron su cámara: por eso su colección de retratos de intelectuales españoles en las décadas de los cincuenta y sesenta es única.

En sus últimos años se hizo construir una casa en el pueblo asturiano de Andrín. Por fin un puerto seguro donde recalar. Como en la vida, también su obra se rigió por sólidos principios: "Yo siempre creí que el fotógrafo tiene en sus manos un medio único para reflejar la realidad y la cámara debe tener una especie de fidelidad notarial y hacerlo, además, en una cierta dirección estética"

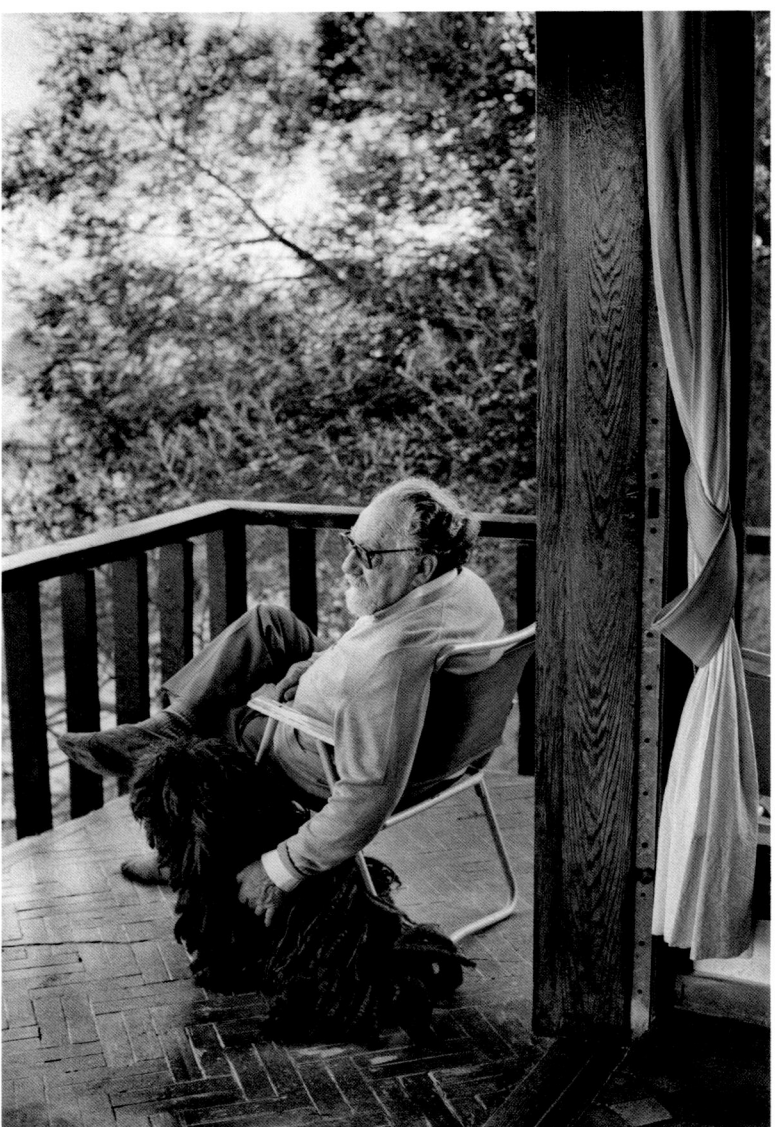

ANA MULLER

Fotógrafa

A propósito de mi padre

Debo empezar diciendo que nunca como hoy he comprendido y apreciado la obra de mi padre. Durante los últimos treinta y cinco años me he dedicado, a veces a regañadientes, al revelado y positivado de sus fotos, al retoque de centenares de copias y a la búsqueda de negativos que parecían irremediablemente perdidos. Un trabajo gratificante y agotador. Y es ahora, desde el conocimiento que he ido adquiriendo de este bello oficio, cuando me recreo y me sorprendo con el repaso de tantas imágenes. Un proceso apasionante, en el que unas veces busco y otras, las menos, encuentro.

Desde 1962, en que inicié mi colaboración con él, creo haber participado del placer común que sentíamos cuando, de vez en cuando, dábamos en la diana. También compartí los disgustos, los intentos fallidos, aunque no era del todo consciente de lo que ocurría. Ha sido con el paso del tiempo cuando he comenzado a entender y a redescubrir su obra. En 1980, ya jubilado, mi padre colgó definitivamente las cámaras y regresó a su casa de Andrín, en Asturias, en ese paisaje asturiano que un día le descubrió su amigo Fernando Vela y del que enseguida se enamoró para siempre. Desencantado de muchas

Nicolás Muller en su casa de Andrín, Asturias. Retrato de Ana Muller, 1993. (Colección de Ana Muller)

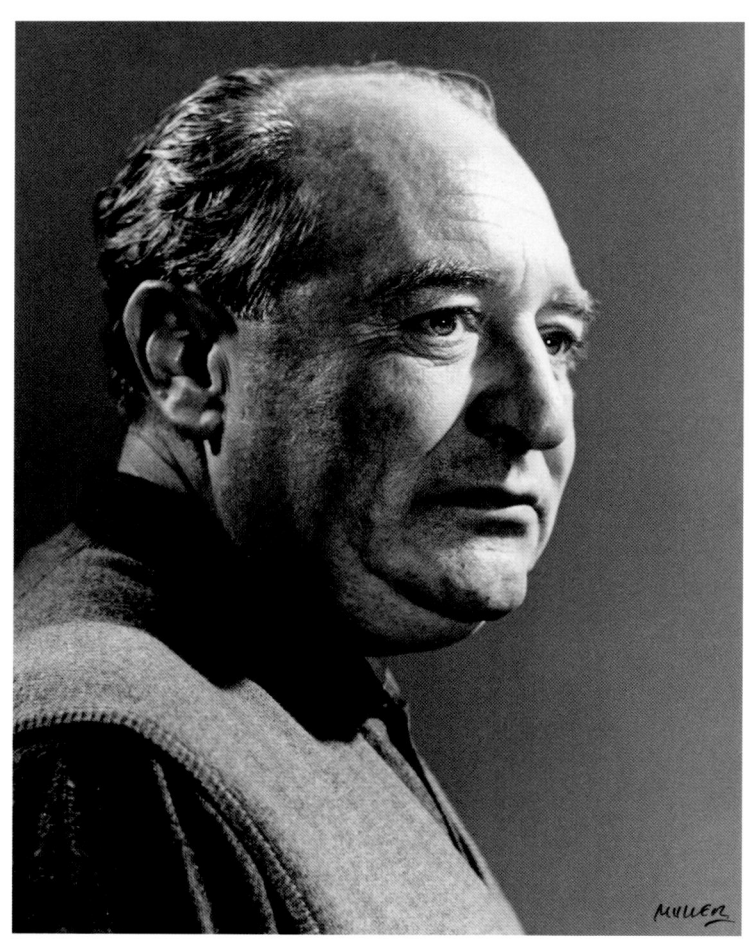

Gabriel Celaya, 1963

Copia de época donada en 2024 a la Academia de Bellas Artes por Ana Muller.
Museo de la Real Academia de Bellas Artes de San Fernando, 296 × 224 mm

cosas, ajeno ya al oficio de fotógrafo, me cedió los trastos y comenzó una nueva etapa de su trabajo, nunca del todo concluida. Fue entonces cuando yo comencé a valorar la enorme densidad de su talento. Desde sus comienzos, en la Hungría de los años treinta -¡cuántos negativos perdidos en el camino!-, hasta sus últimos encargos, sus fotografías nos dicen hasta qué punto el oficio y el estilo se habían ido complementando plenamente.

Es ahora, cuando el artista no está, cuando he podido sumergirme en su obra y hallar perlas poco conocidas o absolutamente inéditas. El hecho de redescubrir la totalidad de los encuadres, me ha permitido también transformar imágenes ya conocidas, en otras sorprendentes o nuevamente encuadradas. Y aquí están esas fotos que yo ahora valoro, admiro y estimo con emoción. Instantáneas capturadas, robadas al tiempo, que rezuman sensibilidad, humor, sencillez, sabiduría, candor ... Imágenes que revelan una visión muy personal, un magistral sentido plástico y compositivo, un profundo conocimiento de la luz. Y algo más: un sentido muy oportuno del acto decisivo de apretar el obturador de su cámara. Sin apenas retoques, he aquí algunas de esas fotografías. Imágenes que nos muestran un tiempo detenido y atrapado en blanco y negro. Una síntesis de su mirada sobre lo cotidiano, plena de sensibilidad hacia lo bello y lo humano. Y aquí están, en este hermoso volumen editado por la Real Academia de Bellas Artes de San Fernando, algunas de esas fotos.

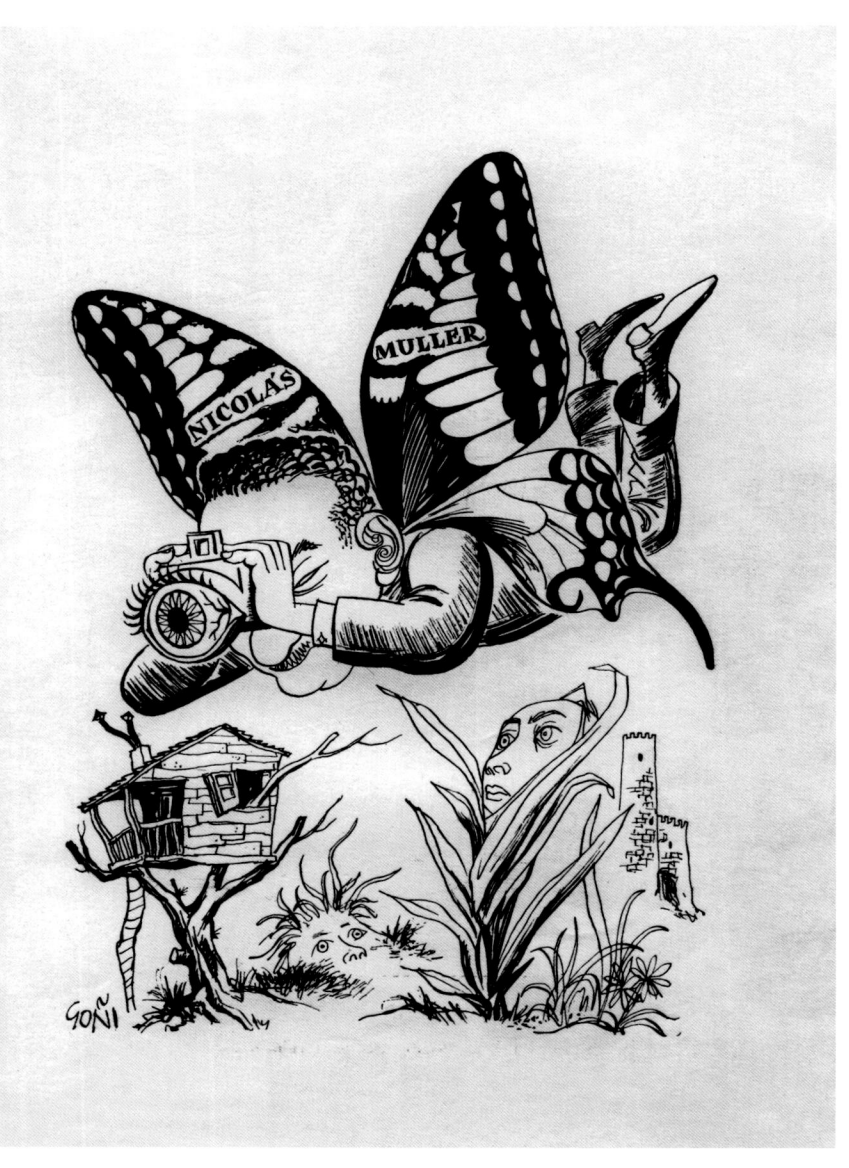

Cronología

1913   Nace en Oroshàza, Hungría.

1923   Termina sus estudios primarios.
Ingresa en el Instituto de Vásárheli.

1924   Comienza sus estudios en el colegio de los escolapios
de Szeged.

1926   Su familia le regala una galena y una cámara fotográfica,
una ICA de 6x9.

1931   Ingresa en la Universidad Francisco José de Szedeg,
para estudiar Derecho. Se integra en el grupo de artistas
e intelectuales húngaros conocido como *Descubridores de
aldeas*.

1933   Contratado por la Agencia austriaca, PhotoService, donde
realiza sus primeros reportajes fotográficos.

1934   Publica *El rincón de las tormentas*, con texto de GézaFéja.

1935   Se doctora en Derecho y Ciencias Políticas, pero pronto
decide dedicarse profesionalmente a la fotografía.

1936   Es contratado por la editorial Athaenaeum para ilustrar una
serie de libros sobre a la vida campesina húngara.

1937   Publica *Vida de nuestros campesinos*.
Se traslada a Budapest, donde alquila una
habitación en Buda, la parte alta de la ciudad.
Colabora asiduamente en revistas gráficas húngaras
y austriacas, junto al célebre poeta Miklos Radnoti.

1938   Tras la invasión de Viena por los nazis, abandona Hungría.
Tras un accidentado camino cruza la Italia de Mussolini y
llega a París, donde se relaciona con miembros del exilio
húngaro, como Robert Capa y Brassäi. Colabora en los
históricos semanarios gráficos, *France Magazine, Paris
Match* y *Regards*.

GOÑI.
Caricatura de
Nicolás Muller. 1955
(Colección de Ana
Muller)

1939 Enviado por *Hyperion* y *France Magazine*, en primavera viaja a Portugal desde Lyon. Desde Lisboa recorrió el país durante unas semanas, retratando a sus campesinos y pescadores. Cuando regresó a Lisboa fue encarcelado y finalmente deportado por la policía política de la Dictadura de Salazar. A finales de 1939 inicia un nuevo exilio, que le llevará a Tánger, entonces una ciudad abierta.

1940 En Tánger establece un estudio en el Boulevard Pasteur. La ocupación de Tánger por Franco, concentra en la ciudad a una élite de políticos, espías, hombres de negocios y funcionarios del Alto Comisionado de España en Marruecos, que le proporcionan una clientela privilegiada. Colabora asiduamente en el diario *España*, de Tánger.

1940-44 Exposiciones en Tánger, Tetuán, Fez y Rabat. Publica *Estampas marroquíes* y *Tánger* por el Jalifa.

1944 Primera exposición en Madrid, en el Hotel Palace. Fernando Vela le introduce en los ambientes de la *Revista de Occidente*.

1947 Gran exposición en la *Revista de Occidente*. Comienza a colaborar en *Mundo Hispánico* y la *Revista de Occidente*.

1948 Se instala en el Paseo de la Castellana, 12, calle de Serrano, 18 y, definitivamente, en la calle de Serrano, 8.

1966 Publica *España clara*, con textos de Azorín.

1967-68 Publica los libros: *País Vasco* (texto de Julio Caro Baroja), *Baleares* (Llorenç Villalonga), *Andalucía* (Fernando Quiñones), *Cataluña* (Dionisio Ridruejo), *Cantabria* (Manuel Arce), *La Mancha* (Eladio Cabañero) y *Canarias* (Federico Carlos Sáinz de Robles).

1972-85 Ilustra los libros, *Paisajes de España* (texto de Luis Rosales), *Arquitectura popular de España* (texto de Carlos Flores), *Románico en España* (texto de Gerardo Diego) y *La huella judía en España* (texto de Julio Caro Baroja)

1980 Abandona su trabajo de fotógrafo y fija su residencia en Andrín, Asturias. Su hija Ana se hace cargo del estudio.

1985-91 La exposición *Imágenes de una vida,* inaugurada en Oviedo, recorre Gijón, Valladolid, Barcelona, Ibiza, Mallorca y otras ciudades españolas.

1991 Homenaje en su honor durante los cursos de verano de la Universidad Complutense de Madrid, en El Escorial. Exposición antológica en el Museo de Artes Plásticas de Budapest.

1992 Se edita la carpeta *Recuerdos de Marruecos* (1940-1947), con diez fotografías originales.

1993 Homenaje a Muller en su país. Con esta ocasión se celebra en Oroshàza (su ciudad natal), una exposición inaugurada por Arpad Gönez, primer presidente húngaro de la época postcomunista.

1994 Comisariada por Miriam de Liniers se celebra su primera exposición antológica en el antiguo Museo Español de Arte Contemporáneo de Madrid.
Con esta ocasión, Lunwerg Editores edita su primer gran libro de fotografías.

1998 Recibe el homenaje del Gobierno húngaro.

2000 Muere en Andrín, Asturias.

2006 Se celebra en Budapest la exposición *Nicolás Muller. Una mirada retrospectiva.*

2013 Se celebra la exposición, *Nicolás Muller. Obras maestras,* en las salas de la Comunidad de Madrid, comisariada por Chema Conesa.

2014 La Comunidad de Madrid adquiere su archivo, compuesto por 15.00 negativos.

2020 Comisariada por Ana Muller y José Ferrero se celebra la exposición, *La mirada comprometida.*

2022 Comisariada por José Ferrero, se celebra la exposición *Viento Norte,* en el Museo de Bellas Artes de Oviedo y en La Ciudad de la Cultura de Santiago de Compostela.

**Este libro ha sido patrocinado
por Colección Julián Castilla**

Queremos expresar nuestro profundo agradecimiento
a Ana Muller, fotógrafa como su padre,
que ha cuidado el archivo familiar, con admirable
dedicación y delicadeza. Gracias también a Manuel
Vicent y Pilar Rubio, por el regalo de sus excelentes
textos. Y a Pedro Melero, que, como siempre,
nos ha prestado valiosos libros y documentos sobre
la obra y la persona de Nicolás Muller, que atesora
en su impresionante colección de libros de fotografía.

Diez de las fotografías de Nicolás Muller
que se publican en el presente libro fueron adquiridas
por la Real Academia de Bellas Artes de San Fernando,
con cargo a la herencia Guitarte. Han sido positivadas
en el taller de Castro Prieto en papeles de algodón
con pigmentos de tinta. Las cuatro restantes han
sido donadas a la Academia por Ana Muller y fueron
positivadas por ella en papel baritado emulsionado con
gelatino-bromuro, a partir de los negativos originales.
Desde 2012, estos negativos se conservan
en los Archivo de la Comunidad de Madrid.

Catálogo

Edición
Real Academia de Bellas Artes
de San Fernando, 2025

Director de la colección
Publio López Mondéjar

Conservación
Ascensión Ciruelos Gonzalo
Museo. Gabinete de Dibujos,
Estampas y Fotografía

Coordinación
Guillermo García del Busto Miralles

Diseño
Encarna F. Lena

Reproducción de fotografías
Pablo Linés

Tratamiento de fotografías
David Vicente (taller Auth Spirit)

Corrección de textos
Consuelo Salvá

Impresión
Brizzolis, arte en gráficas

ISBN: 978-84-95885-56-2
D.L.: M-27882-2024

Impreso en España

EDICIONES
DEL AZAR

TÍTULOS PUBLICADOS
EN ESTA COLECCIÓN

01

Paco Gómez.
Textos de Antonio Muñoz Molina
y Ramón Masats

02

Virxilio Vieitez.
Textos de Antonio Lucas, Keta Vieitez
y Christian Caujolle

03

Francesc Català-Roca.
Textos de Manuel Gutiérrez Aragón,
Carlos Ruiz Zafón y Marta Rivera de
la Cruz

04

Martín Chambi.
Textos de Mario Vargas Llosa
y Publio López Mondéjar

05

Ramón Masats.
Textos de Juan Manuel Caballero
Bonald, Carlos Saura y Óscar
Tusquest

06

Christian Franzen.
Textos de Estrella de Diego
y Carolina Azcue

07

Nicolás Muller.
Textos de Manuel Vicent,
Pilar Rubio Remiro y Ana Muller